육식, 노예제, 성별위계를 거부한
생태적 저항의 화신,

# 벤저민 레이

육식, 노예제, 성별위계를 거부한 생태적 저항의 화신, 벤저민 레이
Prophet Against Slavery : Benjamin Lay, A Graphic Novel

| | |
|---|---|
| 글·그림 | 데이비드 레스터 |
| 엮은이 | 마커스 레디커 · 폴 불 |
| 옮긴이 | 김정연 |
| 감수 | 신은주 |
| 펴낸이 | 조정환 |
| 디자인 | 조문영 |
| 홍보 | 김하은 |
| 프리뷰 | 박서연 · 손보미 · 이수영 |
| 초판 인쇄 | 2024년 3월 26일 |
| 초판 발행 | 2024년 3월 29일 |
| 종이 | 타라유통 |
| 인쇄 | 예원프린팅 |
| 라미네이팅 | 금성산업 |
| 제본 | 바다제책 |
| ISBN | 978-89-6195-343-6 07900 |
| 도서분류 | 1. 역사  2. 그래픽 노블 |
| 값 | 15,000원 |
| 펴낸곳 | 도서출판 갈무리 |
| 등록일 | 1994. 3. 3. |
| 등록번호 | 제17-0161호 |
| 주소 | 서울 마포구 동교로18길 9-13 2층 |
| 전화 | 02-325-1485 |
| 팩스 | 070-4275-0674 |
| 웹사이트 | www.galmuri.co.kr |
| 이메일 | galmuri94@gmail.com |

PROPHET AGAINST SLAVERY : BENJAMIN LAY, A GRAPHIC NOVEL
© 2021 by Marcus Rediker.
Originally published by Beacon Press.
Translation rights arranged by Sandra Dijkstra Literary Agency.
All Rights Reserved.

Text adapted from The Fearless Benjamin Lay: The Quaker Dwarf Who Became the First Revolutionary Abolitionist, copyright 2017 © by Marcus Rediker.
Art copyright © 2021 by David Lester.

Translation Copyright © 2024 by Galmuri Publisher.

# 차례

## 육식, 노예제, 성별위계를 거부한 생태적 저항의 화신, 벤저민 레이
4

## 데이비드 레스터의 후기
111

## 원작자 마커스 레디커의 후기 : 우리에게 벤저민 레이가 필요한 이유
113

## 엮은이 폴 불의 후기 : 만화 예술과 만화가
117

『노예제의 참혹함』

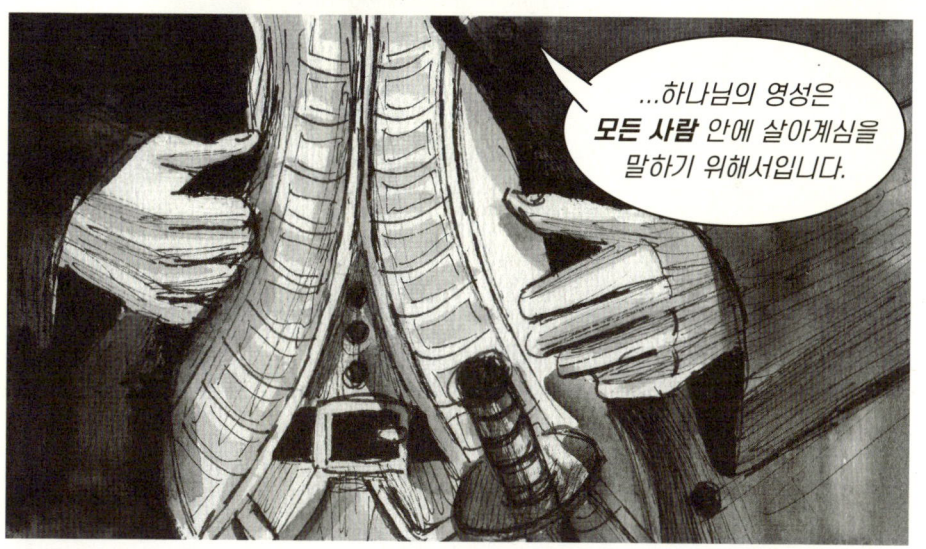

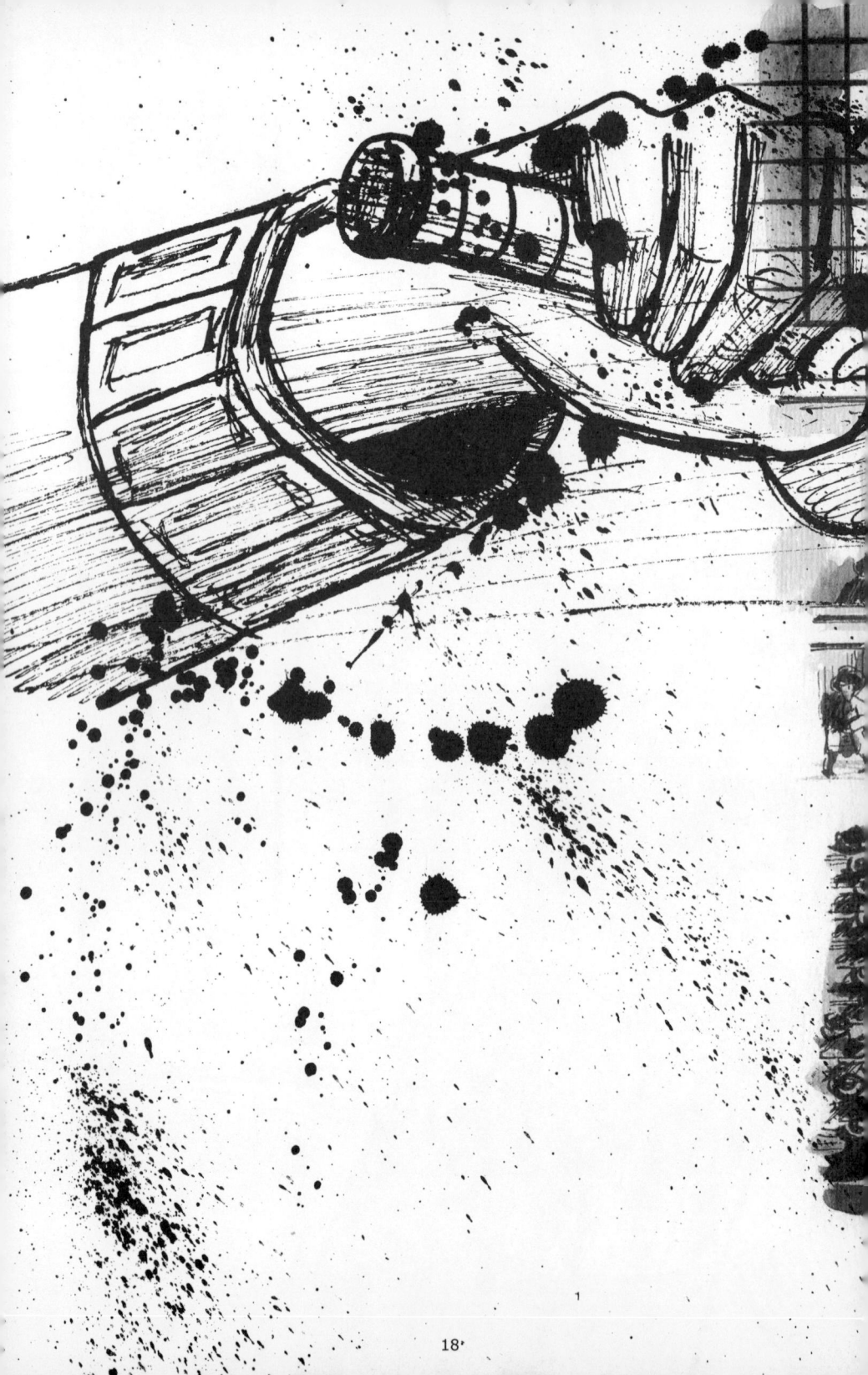

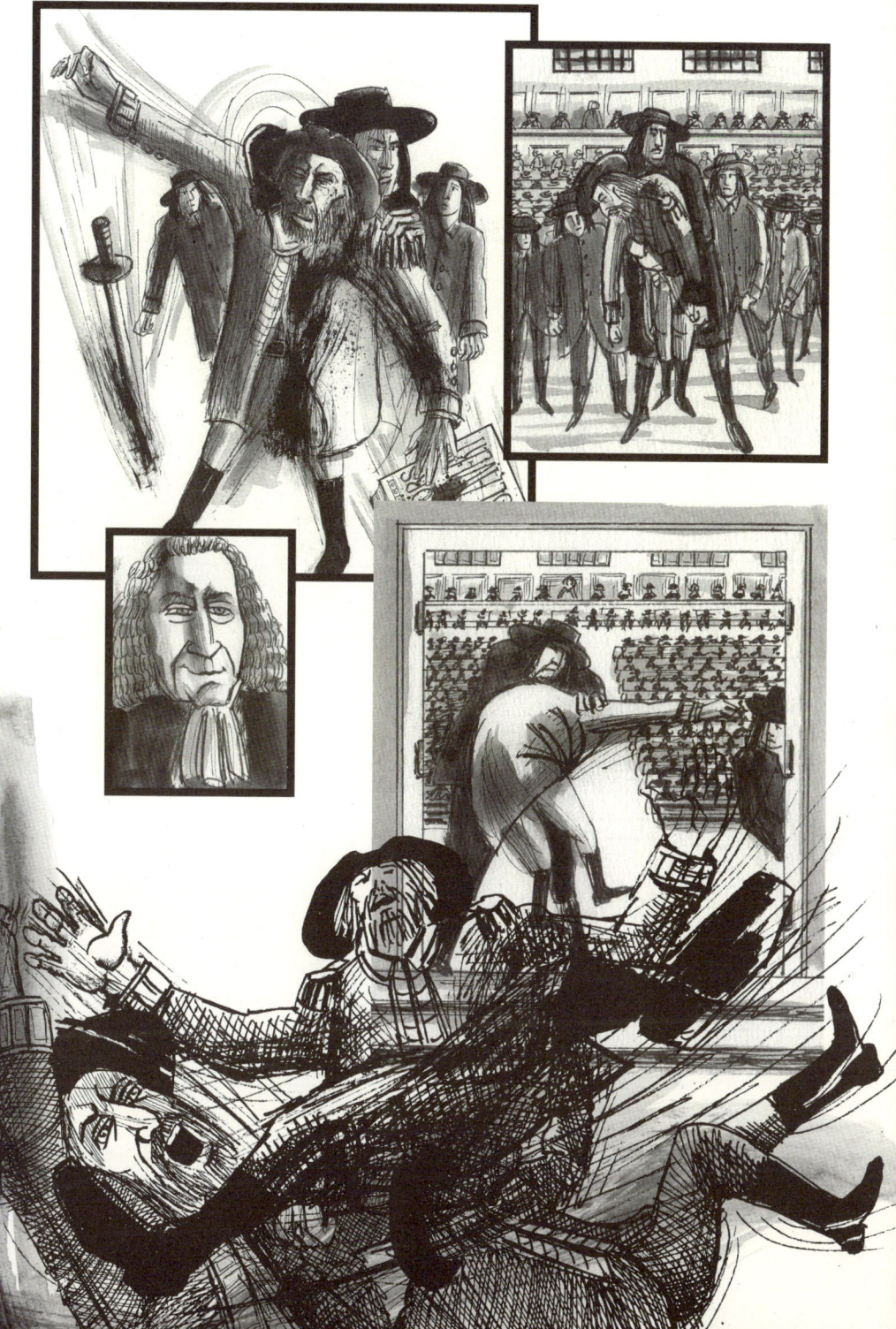

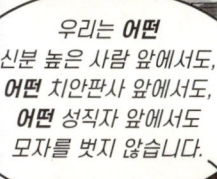

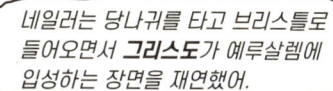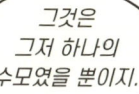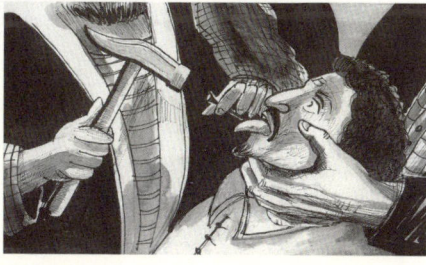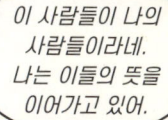

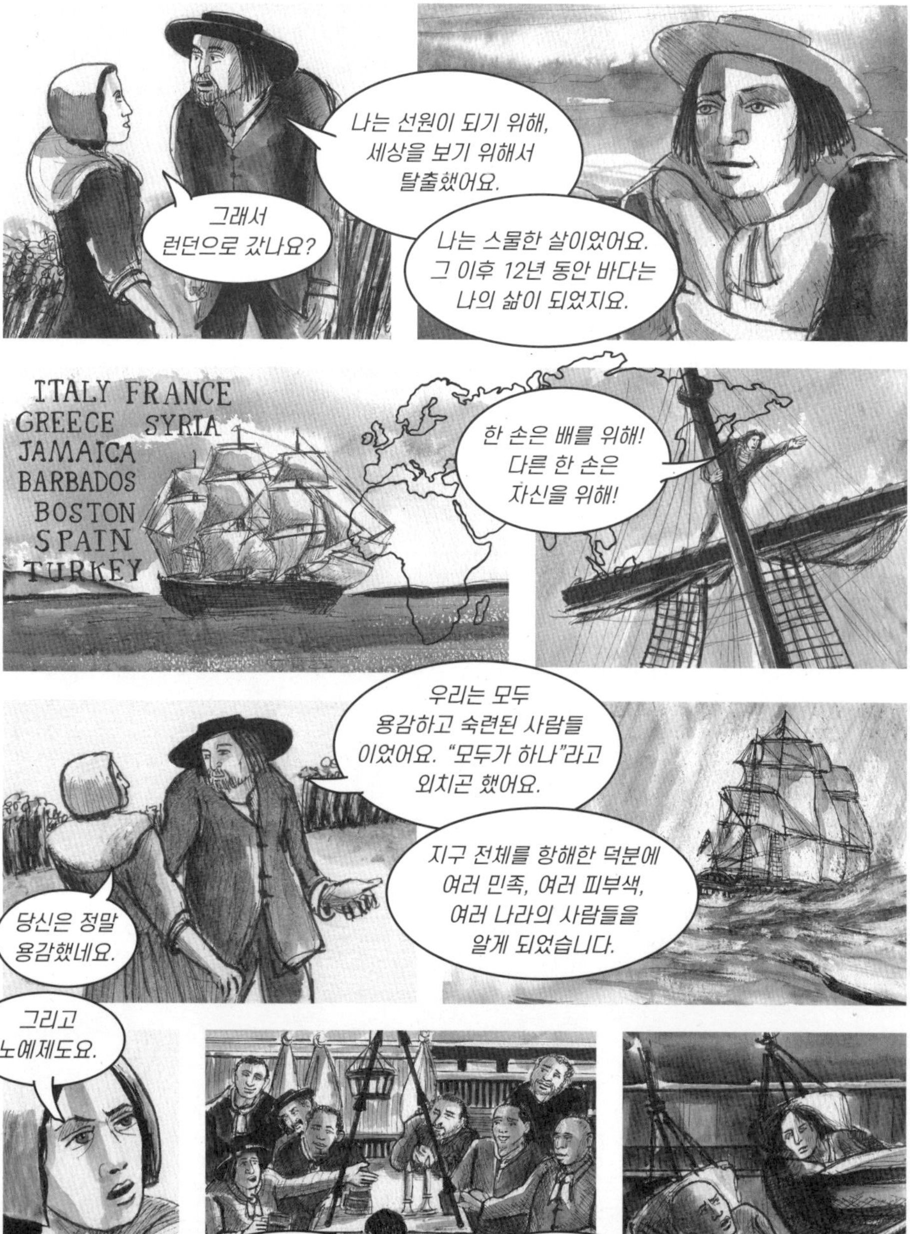


이탈리아 / 프랑스 / 그리스 / 시리아 / 자메이카 / 바베이도스 / 보스턴 / 스페인 / 터키

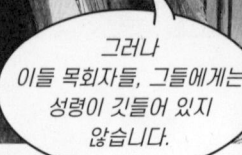

**1718년 가을**

벤저민, 바베이도스에서 우리의 퀘이커 동료들을 찾을 수 있을 거예요.

그리고 노예들을 위해서는요?

그곳에는 나이 든 선원도 많이 살고 있어요. 다시 만나면 반갑겠군요.

우리가 무엇을 할 수 있을까요?

가게를 열고, 그 영혼들을 도울 방법을 찾아봅시다...

...선장들과 부자 농장주들의 학대를 받는 그 영혼들을.

적어도 우리가 할 수 있는 일이 있을 거예요.

**바베이도스, 브리지타운**

아아, 벤저민!

 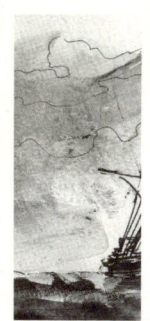    

퀘이커 모임집

벤저민, 뭐하는 거예요? 이 엄동설한에.

## THE Pennfylvania GAZETTE.

『펜실베이니아 가제트』

연례 모임의 명을 받아, 서기관 존 킨제이

이 도시에 『모든 노예 소유자 ... 배교자들』이라는 제목의 책이 출간된 지 수개월이 지났다. ... 독자들은 이 저자가 퀘이커교의 일원이었으며 퀘이커교의 요청에 따라 그의 책이 출판되었다고 생각할 수 있다. ... 우리가 이 지면에서 공식적으로 밝히는바 이 책은 퀘이커교 특정 구성원에게뿐만 아니라 전체 사회에 대해 심각한 패악을 담고 있으며, 이 저자는 퀘이커 공동체에 속한 자가 아니고 퀘이커 공동체는 그의 행실과 저작을 인정하지 않으며 그 책의 출판을 불허한다.

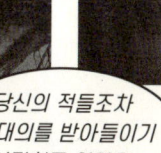

## 데이비드 레스터의 후기

퀘이커 교도들의 노예 소유는 1776년까지 17년간 계속되었다. 1862년 에이브러햄 링컨이 노예해방 선언문에 서명할 때까지 미국에서 노예제는 103년 동안 계속되었다. 레이는 노예제와 인종주의라는 유령이, 이후 수 세기 동안 아메리카를 괴롭힐 것이라고 예언했다. 그것들은 "내가 생각하기에 결국 용의 독물과 뱀의 독액처럼 해로울 것"이라고 그는 말했다.

벤저민 레이는 사망 당시 586파운드에 달하는 재산을 갖고 있었다. 그 재산은 그의 유언에 따라 잉글랜드에 있는 가족에게, 그리고 특히 양모 빗질공, 정원사, 톱질공, 초가집 짓는 사람, 제분공, 직조공 등 동료 노동자를 포함한 "가난한 친구들"에게 분배되었다. 40파운드는 가난한 어린이들의 교육을 위해 애빙턴 월례 모임의 학교에 기부되었다. 레이의 유산 수혜자의 절반 이상이 여성이었으며 대부분은 과부였다. 그러나 가장 큰 금액은 자유롭지 못한 계약하인 신분이 아닌 방식으로 아메리카에 오기를 원하는 퀘이커 교도들의 여행 비용을 지불하는 데 사용되었다.

이후 노예제 폐지 운동은 북아메리카에서 일어난 최초의 강력한 사회운동으로 성장했다. 레이는 그 운동을 출범시키는 데 중요한 역할을 했으나 남북전쟁 이후 백인 우월주의가 재확립되고 노예제 반대 투쟁에 대한 대중의 기억이 희미해지면서 그는 역사에서 지워졌다.

"아마도 무감한 인간의 마음을 일깨우기 위해서 거칠고 통렬히 몰아치는 레이의 성미가 필요했을 것이다. ... 앤서니 베네제는 레이 씨께서 시작한 일을 완수하였지만, 레이 씨께서 행한 일이 [없었더라면] 베네제의 온유함과 온화함만으로는 부족했을 것이다."
— 벤저민 러쉬(미국 독립선언서의 서명자 중 한 명), 1790년

"자유를 사랑한다고 말하면서도 동요를 경시하는 자들은 땅을 갈지도 않고 작물이 자라나기를 바라는 사람들이다. 그들은 천둥과 번개 없이 비가 내리길 바라고 많은 물결의 포효 없이 바다를 원하는 사람들이다. 투쟁은 도덕적일 수도 있고 물리적일 수도 있으며, 둘 다일 수도 있다. 그러나 그것은 여전히 투쟁이어야 한다. 요구하지 않으면 권력은 아무것도 인정하지 않는다. 과거에도 그랬고 앞으로도 틀림없이 마찬가지일 것이다."
— 프레더릭 더글라스(아프리카계 아메리카인 노예제 폐지론자), 1857년

"당신의 삶으로 말하라." — 퀘이커교의 오랜 금언

# 원작자 마커스 레디커의 후기

# 우리에게 벤저민 레이가 필요한 이유

데이비드 레스터가 우리 곁에 되살려낸 독특한 역사적 인물 벤저민 레이는 18세기의 급진 퀘이커 교도이자, 온 세상의 노예제는 폐지되어야 한다고 요구한 최초의 사람 중 하나였다. 키가 4피트[121.9센티미터][1] 정도였던 레이는 저신장장애인이었다. 그는 가짜 피를 뿌리며 부유한 퀘이커 교도 노예 소유주들을 공개적으로 모욕하는 게릴라 연극을 벌였다. 그는 그들의 분노를 불러일으켰고 직접 행동으로 처벌을 받았다. 잉글랜드와 미국에서 각각 두 번씩 총 네 차례의 퀘이커 모임에서 파문당한 벤저민은 당대의 퀘이커 교도 사이에서 가장 많은 비난을 받은 인물이었다. 벤저민이 자신의 시대에 잘 알려져 있었음에도(많은 사람들에게 경멸을 받았고 일부 사람들에게는 사랑을 받았다) 불구하고, 19세기 후반에 벤저민은 대중의 기억에서 사라졌다가 최근에야 다시 주목받기 시작했다. 데이비드 레스터, 폴 불과 나는 우리가 살아가고 있는 이 격동의 시대에 영감을 주는 그의 삶을 되살리기 위해 [내 책 『벤저민 레이』를 각색한] 이 그래픽 노블을 만들었다.

앞선 페이지들이 생생하게 보여주듯이 벤저민은 혁명가였다. 그는 "세상을 뒤집어엎고" 싶어 하는 사람이었다. — "세상을 뒤집어엎는다"는 문구는 잉글랜드 혁명 당시 군주, 귀족, 노예 소유주, 가부장을 비롯하여 모든 종류의 억압자의 통치에 대한 전복을 표현하기 위해 자주 사용되는 성경 구절이었다. 이 평범한 노동자는 "이득을 위해 지구를 독살하는" 부자들

---

1. 옮긴이가 이해를 돕기 위해 첨가한 내용은 대괄호 속에 넣었다.

을 맹렬히 공격하는 글을 썼다. 그는 노예 주인들은 말 그대로 사탄의 자식들이며 반드시 박멸되어야 하고 그들의 희생자들은 해방되어야 한다고 주장했다. 그는 남성과 여성이 평등하다고 믿었으며 실제로 예배 시간에 여성들의 구역에 착석함으로써 퀘이커의 성별위계를 전복시켰다. 그는 동물을 죽이는 사람들은 반드시 서로를 죽이게 될 것이라고 말한 피타고라스의 주장에 동의했다. 그는 동물의 권리를 위해 헌신하는 사람이었고 그리하여 채식주의자, 더 구체적으로는 비건이라는 단어가 발명되기 200년 전부터 채식주의자였다. 그는 사치를 부패로 여기고 동굴(책이 가득한)에서 살았다. 그는 다른 사람의 노동력을 착취하지 않기 위해 직접 식량을 재배하고 옷을 지어 입었다. 그는 억압받는 사람들이 강제로 생산한 어떤 상품도 소비하기를 거부했다. 인도의 농장에서 생산된 차는 물론, 카리브 지역에서 노예화된 아프리카인의 피로 만들어진 설탕도 거부했다. 벤저민은 계급 의식, 인종 의식, 젠더 의식, 환경 의식이 완전히 통합된 급진적 세계관을 가진, 거의 3세기 전에 이미 '교차적' [삶을 살았던] 사람이었다!

벤저민 레이의 삶에서 우리는 무엇을 배울 수 있을까? 우리는 **공모** complicity의 함정과 위험성, 즉 사람들이 부지불식간에 부정의의 체제에 참여하게 되고 그 체제를 영속화하는 데 기여하게 되는 크고 작은 방식들에 관해 배울 수 있다. 벤저민은 노예가 생산한 상품에 대한 불매운동을 개척한 사람이었고, 이는 오늘날 나이키와 같은 다국적 기업이 운영하는 착취공장sweatshops에 대항하는 전 세계의 투쟁에 활기를 불어넣는 바로 그 원칙을 창안한 것과 다르지 않았다. 또 벤저민은, 모든 상품은 인간 노동이 자신의 원천임을 숨기고 우리를 타자에 대한 억압에 연루시키기 때문에 자본주의 시장이 우리 삶을 지배하도록 허용해서는 안 된다는 점을 분명히 했다. 그는 버지니아산 담배를 피우는 것에서부터 소고기를 먹는 것에 이르기까지 모든 소비 선택이 정치적이고 윤리적이라는 것을 누구보다도 먼저 인식한 사람이었다. 마음이 온화한 벤저민은 인간에 의한 말의 착취를 줄이기 위해 말을 타는 것을 거부했다.

벤저민 레이는 또한 **연대**와 **선동**의 힘에 대해 가르쳐준다. 그는 인간과 동물, 자연 세계 전체를 자신의 '동료 피조물'fellow creatures로 여겼는데, 이는 1640년대와 1650년대에 잉글랜드에서 세상을 뒤집어엎고 싶어 했던 사람들이 자주 사용한 표현이었다. 연대에 관해 벤저민이 알고 있는 것의 대부분은 그가 12년 동안 바다에서 일반 선원으로 일하며 배운 것이었다. 선원들은 바다에서 매일 살아남기 위해 서로에게 의지했고 위험 속에서 강한 유대감을 형성했으며, 가상의 친족 관계를 만들어 서로를 "형제 선원"tar brothers이라고 불렀다. 벤저민은 어려운 조건 속에서 일하는 모든 사람, 특히 바베이도스와 펜실베이니아에서 만난 노예화된 아프리카인들에게 깊은 연민을 표현했고 실질적인 도움을 베풀면서 이러한 연대를 확장했다. 그러나 벤저민은 정의를 실현하기 위해서 연대만으로는 충분하지 않다는 점을 분명히 했다. 또한 "권력에 맞서 진실을 말해야"만 했다. 독학 철학자 벤저민 레이는 파르헤지아, 즉 급진적인 자유 연설을 강조한, 고대 그리스의 급진적 사상가 디오게네스를 읽은 적이 있었다. 벤저민은 평생 동안 부자와 권력자에게 두려움 없이 발언했다. 그는 직접적인 대립과 생산적인 논쟁을 통해 자신의 대의를 발전시켰다. 벤저민의 입장에 찬성하든 반대하든, 그를 아는 모든 사람이 그의 사상에 관해 토론했다.

구약의 선지자처럼 벤저민은 아메리카인들이 노예제도를 즉시 폐지하라는 그의 요구를 따르지 않는다면 노예제와 인종차별의 유산이 오래도록 심대하게 남을 것이라고 경고했다. 1738년에 출판한 저서 『무고한 이들을 속박하는 모든 노예 소유자, 배교자들』에서 벤저민은 노예제는 "내가 생각하기에 결국에는 용의 독물과 뱀의 독액처

럼 해로울 것"이라고 썼다. 거의 3세기가 지난 지금까지도 우리는 독을, 즉 구조적 인종차별과 그것의 수많은 부정의들을 정치체body politic에서 제거하기 위해 여전히 노력하고 있다.

벤저민은 대부분의 유럽계 후손들이 이 이른바 '특유한 제도'peculiar institution[남북 전쟁 이전에 미국 남부에서 노예제를 부르던 명칭]를 하늘의 해와 별과 달처럼 자연스럽고 영원한 것으로 여겼던 시대에 노예제가 없는 세상을 상상했다. 벤저민은 1780년대 영국과 미국에서 노예제 반대운동이 시작되기도 전에 두 세대의 시기를 앞서서 자신의 노예제 비판을 형성했기 때문에 사람들이 그의 진보적 이상을 따라잡기까지는 시간이 필요했다. 레이를 계속 쫓아내던 퀘이커 동료 교인들은 마침내 1776년에 내부에서 노예제를 폐지한 최초의 집단이 되었고, 그 이후로 노예를 소유한 사람은 퀘이커 교도가 될 수 없었다. 레이의 급진주의로 고무된 퀘이커 노예제 폐지론자들은 프랑스의 <흑인의 벗 협회>에뿐만 아니라 토마스 클락슨을 비롯한 잉글랜드의 초기 노예제 폐지 운동에도 영향을 미쳤다. 벤저민은 대서양을 횡단하는 혁명의 벡터이자 역선力線이었다. 그는 노예제 반대 투쟁에 대한 주요 공헌자로 기억되어야 한다.

하지만 그는 오랜 세월 동안 거의 완전히 잊혔다. 사람들은 그의 출신 계급을 문제 삼았고, 몸을 문제 삼았으며, 그가 택한 저항의 방법이 잘못되었고 그가 옹호한 사상이 지나치게 급진적이라고 여겼다. 이 그래픽 노블에서 데이비드 레스터는 벤저민을 새로운 세대의 독자들 앞에 되살려냈다. 이제 독자들이 벤저민의 이야기 속에서, 변치 않는 진정한 평화와 평등 안에서 "지상의 무해한 양식"을 먹으며 모두가 함께 살아가는, 더 나은 미래를 위한 창의적인 가능성들을 찾게 되기를 바란다.

## 엮은이 폴 불의 후기

## 만화 예술과 만화가

데이비드 레스터는 이 책의 독특한 스토리텔링 요구에 완벽하게 부합하는 매우 특이한 아티스트이다. 오늘날 많은 그래픽 노블의 지면은 보통 액션(슈퍼히어로는 행동해야만 한다)이나 대화<sup>dialogue</sup>(오늘날의 주체들이 느끼는 대단히 실제적인 그 불안)로 가득 차 있다. 수년 전에 레스터는 "글이 없는" 페이지 또는 시각물로만 구성된 페이지가 액션의 속도를 늦추고 독자의 생각을 집중시킨다는 사실을 알게 되었다. 작가의 이러한 선택은 이상주의자이자 활동가였던 벤저민 레이와 잘 어울리는데, 왜냐하면 레이는 그의 생애 동안 많은 시간을 배 위에서 바다를 바라보며 혹은 잉글랜드와 펜실베이니아 시골의 풍경을 바라보며 사색하는 데 보냈기 때문이다.

레스터가 지적했듯이 역사 만화는 사실 이상의 것을 제시할 수 있다. 역

사 만화는 작가를 "글이 없는 그림 그리기의 침묵"에 연루시킴으로써 "사건이 전개되고 있다는 느낌"을 전할 수 있고, 이 과정은 독자를 같은 방식으로 끌어들인다.

만일 우리가 선배 작가와 영향을 준 사람들에게 관심이 있다면, 1930년대 린드 워드의 글 없는 목판화 소설을 고려해볼 수 있다. 워드는 당시 세계대전들 사이에 유럽에서 큰 인기를 끌었던, 프랑드르 모더니스트 프랑스 마세렐의 놀랄 만하고 호평을 받은 작품들로부터 영감을 받았다. 이 두 20세기 거장의 작업은 여러 세대 전에 그래픽 노블을 예견했으며, 그리고 또 만화 예술의 이 가장자리에서 매우 두드러진, 인간적이고 사색적인 특질을 확립했다.

또한 레스터는 현대 만화가 제이슨 루츠, 케이트 에반스, 네이트 파월, 그리고 조 사코뿐만 아니라 윌리엄 호가스(1697~1764), 알브레히트 뒤러(1471~1528), 제임스 길레이(1756~1815)의 그림과 판화에서 그가 받은 영감도 되돌아본다.

그는 계속해서 "비록 본문에서 직접적으로 언급된 것은 몇 번 안 될지라도 벤저민 레이의 키가 이 책에서 시각적 역동성을 형성하게 되었어요. 나는 그의 키와 굽은 등이 그가 아내 사라를 비롯하여 다른 동료들과 함께 있는 장면에서 평범한 방식으로 묘사되기를 원했는데, 왜냐하면 내가 짐작하기로는 이 사람들에게는 그의 외모가 특별한 관심을 갖게 하지 않았을 것이기 때문입니다"라고 말한다.

벤저민의 "퀘이커 기득권층과의 대립에서는 나는 처음에는 그를 매우 작게 묘사하고 싶었지만, 이야기가 전개될수록 벤저민의 주장은 도덕적, 정치적 우위를 점하게 됩니다. 그의 얼굴을 가까이에서 클로즈업한 것 또한 역학이 바뀌었음을 나타냅니다(그의 전망은 억제될 수 없습니다). 그의 머리를 클로즈업하거나 머리 각도를 아래로 기울임으로써 비유적으로는 퀘이커 노예소유주들의 도덕적 실패와 위선을 내려다보는 사람이 벤저민으로 됩니다. 퀘이커 노예소유주들이 이제 벤저민을 올려다보아야 합니다. 때때로 나는 벤저민이 노예제에 맞서는 다윗과 골리앗의 전투에서 자기 키를 비유적으로 보았다고 생각합니다. 한 장면에서 나는 그 역학을 완전히 과장했습니다."

이러한 설명 구절들은 우리가 알 필요가 있는 많은 것을 말해준다. 책 초

반에 레이는 나이가 많은(55세) 사람이 권력자에게 맞서는, 힘없어 보이는 사람들의 일종의 "게릴라 연극"을 공연하는 것으로 그려지는데, 그런 의미에서 레이는 모든 독자에게 영감을 주는 역할을 한다. 레스터에게 있어 이는 분위기를 제대로 조성하는 일이었다.

레스터는 마치 미술사가가 열광하는 청중에게 중세 걸작의 본질을 설명하는 듯한 방식으로 시각적 디테일을 포착했다. 레스터는 우리에게 손은 풍부한 표현을 가능케 한다는 점을 상기시키며 다음과 같이 말한다. "서로 움켜쥐거나 접촉하고 있는 손이라는 시각 모티브를 반복해서 사용했습니다. … 예를 들어서 벤저민이 흑인 선원을 만났을 때, 그의 아내를 만났을 때, 랠프 샌디퍼드를 만났을 때, 그리고 그의 아내가 임종을 맞이할 때 — 손이라는 모티브로 나는 우정, 사랑, 연대, 동지애, 그리고 대의를 위해 함께 일한다는 것 등을 보여주고자 했습니다." 레스터에게 시각적 반복은 정치적 행동주의의 본질을 반영하는 것이자 그에 대한 성찰이다. 사회적 변화의 과정은 동일하거나 유사한 것들이 반복해서 행해질 것을 요구한다.

레스터는 만화 예술의 한계에 대해 어쩌면 지나치다고 해도 좋을 정도의 예민함을 갖고 있다. "운동"을 그리는 작가가 완성된 작품으로 그 운동의 감각을 실제로 창출할 수는 없으며 그런 의미에서는 완성된 것이 분명해 보이는 하나의 작품보다 밑그림이 더 나을 수도 있다(레스터는 마티스의 1910년 작 <춤>을 언급한다). 벤저민이 퀘이커 모임들에서 끌려 나오는 장면처럼 빠르게 그린 스케치들을 서로 겹쳐놓는 것은 그러한 운동과 혼란의 감각을 만들어낸다. 마찬가지 방식으로 레스터는 노예화된 사람들을 그린 그림에서는 아직 미완성이라는 어떤 감각을 만들어내고자 하며, 노예 주인을 위해 이윤을 창출하는 강제 노동을 하는 동안 그들의 삶은 유보되어 있다는 어떤 감각을 만들어내려고 한다.

지금까지 19세기 이전으로 거슬러 올라가는 역사 그래픽 노블은 거의 없었으며 노예제와 노예제 반대 투쟁에 대한 표현이 작가의 손을 거친 경우도 거의 없었다. 『육식, 노예제, 성별위계를 거부한 생태적 저항의 화신, 벤저민 레이』는 선례를 세우며 만화 예술을 새로운 차원으로 끌어올린다.